AF296011

T'OUNG-PAO.

Tirage à part.

Extrait du T'oung pao
Série II, vol. VII, p. 145 — 158

Leide, E. J. Brill, 1906.

BULLETIN CRITIQUE.

Ito Suketoshi 伊東祐穀: *Annuaire mondial* 世界年鑑, pour 1905. (Tôkyô, librairie Hakubun kau; prix: 5 yen).

Dans un gros volume qui ne comprend pas moins de 1416 pages d'impression japonaise très serrée, M. Ito a condensé les notions que la statistique nous fournit concernant le monde entier. Les 377 premières pages sont consacrées au Japon; puis on passe en revue successivement les royaumes de l'Asie, de l'Europe, de l'Afrique, de l'Amérique et de l'Océanie; nous sommes ainsi amenés jusqu'à la page 1098. Les statistiques particulières de chaque pays ayant été ainsi dressées, on les combine en tableaux comparatifs dans une seconde section qui nous présente sous une forme synoptique le développement proportionnel des diverses nations du globe. Enfin un certain nombre de renseignements pratiques, parmi lesquels nous relevons une table d'équivalences entre les chronologies japonaise, chinoise, coréenne et occidentale, terminent cet énorme répertoire dont la grande utilité ne saurait être contestée.

J'extrairai de cet ouvrage les indications relatives aux principaux fonctionnaires chinois en l'année 1905:

I. GOUVERNEMENT CENTRAL.

1° **Le Kiun ki tch'ou** 軍機處:

Le prince du sang de premier rang *K'ing* 和碩慶親王. —

Wang Wen-chao 王文韶 (orig. du *Tchö-kiang*)[1]). — *Lou Tch'ouan-lin* 鹿傳霖 (orig. du *Tche-li*). — *Kiu Hong-ki* 瞿鴻禨 (orig. du *Hou-nan*). — *Jong K'ing* 榮慶 (Mongol)[2]).

2° **Le Conseil de gouvernement** 政務處:

Le prince du sang de premier rang *K'ing*. — *Wang Wen-chao*. — *Jong K'ing*. — *Lou Tch'ouan-lin*. — *Kiu Hong-ki*. — Le vice-roi du *Tche-li*, *Yuan Che-k'ai* 袁世凱 (orig. du *Ho-nan*). — Le vice-roi du *Hou-kouang*, *Tchang Tche-tong* 張之洞 (orig. du *Tche-li*). — Le *tong ko ta hio che*[3]) *Souen Kia-nai* 孫家鼐 (orig. du *Ngan-houei*). — Le président du ministère de semplois civils[4]) *Tchang Po-hi* 張百熙 (orig. du *Hou-nan*).

3° **Directeurs de l'organisation militaire** 練兵處:

Le prince du sang de premier rang *K'ing*. — Le vice-roi du *Tche-li Yuan Che-k'ai*. — Le *tso-che-lang* du ministère de la guerre[5]) *T'ie-leang* 鐵良 (Mandchou de la bannière blanche bordée)[6]).

4° **Membres du Nei-ko** 內閣:

Le *wou-ying tien ta hio che* 武英殿大學士 *Wang Wen-chao.*

Le *wen-yuan ko ta hio che* 文淵閣大學士 *Tch'ong Li* 崇禮 (*Han kiun* de la bannière blanche).

Le *tong ko ta hio che* 東閣大學士 *Souen Kia-nai.*

---

1) D'après le Livre Rouge pour la saison d'hiver 1905, *Wang Wen-chao* a été nommé président du ministère de la police intérieure 巡警部 (nouvellement créé); il a été remplacé au *Kiun ki tch'ou* par *Siu Che-tch'ang* 徐世昌 (orig. du *Tche-li*).

2) Aux membres précités, il faut ajouter *T'ie Leang* 鐵良 (Livre Rouge, hiver 1905; le Livre Rouge pour l'hiver 1905 sera dorénavant désigné simplement par les initiales L. R.).

3) *Wen yuan ko ta hio che.* L. R.

4) Du ministère des finances. L. R.

5) *T'ie Leang* est maintenant *yeou-che-lang* du ministère des finances. L. R.

6) Aux trois personnages que nous venons de citer, il faut ajouter maintenant *Siu Che-tch'ang* 徐世昌. *Siu Che-tch'ang* accompagne le duc *Tsö* dans sa mission extraordinaire (cf. *T'oung pao*, 1905, p. 516).

Le *t'i-jen ko ta hio che* 體仁閣大學士 *Yu Tö* 裕德 (Mandchou de la bannière blanche).

Le *hie-pan ta hio che* 協辦大學士 *Che Siu* 世續 (Mandchou de la bannière jaune).

Le *hie-pan ta hio che* 協辦大學士 *Siu Fou* 徐郙 (orig. du *Kiang-sou*) [1]).

5° **Ministère des Affaires étrangères** 外務部:

Le Directeur général 總理外務部事務, le prince du sang de premier rang *K'ing*. — Le *houei pan ta tch'en*, président du ministère des Affaires étrangères 會辦大臣外務部尚書, *Na T'ong* 那桐 (Mandchou de la bannière jaune bordée). — Le *kiun ki ta tch'en*, *houei pan ta tch'en*, président du ministère des Affaires étrangères 軍機大臣會辦大臣外務部尚書, *Kiu Hong-ki* 瞿鴻禨. — Le *tso che lang* 左侍郎 *Lien Fang* 聯芳 (*Han kiun* de la bannière blanche bordée). — Le *yeou che lang* 右侍郎 *Wou T'ing-fang* 伍廷芳 [2]) (orig. du *Kouang-tong*).

6° **Ministère des Emplois civils** 吏部.

Le Directeur 管理事務 *Souen Kia-nai* 孫家鼐. — Le *hie pan ta hio che* 協辦大學士 *Che Siu* 世續 [3]). — Le *chang chou* 尚書 *Tchang Po-hi* 張百熙 [4]). — Le *tso che lang* 左侍郎 *T'o-t'ou-chen* 特圖慎 [5]) (Mongol de la bannière blanche). — Le *tso che lang* 左侍郎 *Li Tien-lin* 李殿林 (orig. du *Chan-si*). — Le *yeou che lang* 右侍郎 *Ki Lou* 繼祿 [6]) (*Han kiun* de la bannière

---

1) Par suite de l'élimination de *Tch'ong Li*, c'est *Souen Kia-nai* qui a pris le titre de *wen yuan ko ta hio che*; il a été remplacé lui-même par *Yu Tö*; *Yu Tö* a été remplacé par *Che Siu*, et celui-ci par *Siu Fou*; enfin la place laissée libre par *Siu Fou* a été occupée par *Na T'ong* (cf. p. 147, ligne 10).

2) Remplacé par *T'ang Chao-yi* 唐紹儀; *Wou T'ing-fang* est devenu *yeou ch lang* au ministère de la justice. L. R.

3) Remplacé par *K'ouei Kiun* 奎俊 (Mandchou, ban. blanche, p. 149, l. 4). L. R.

4) A permuté avec *Lou Tch'ouan-lin* (voy. ministère des finances, p. 148, l. 6). L. R.

5) Remplacé par *Ki Lou* (voyez deux lignes plus bas). L. R.

6) Remplacé par *Tseng Tch'ong* (voyez ministère des finances, p. 148, l. 9). L. R.

jaune). — Le *yeou che lang* 右侍郎 *Tchang Ying-lin* 張英麟 (orig. du *Chan-tong*).

7° Ministère des finances 戶部:

Le Directeur 管理事務, *Wang Wen-chao* 王文韶. — Le *chang chou* 尙書 *Jong K'ing* 榮慶. — Le *chang chou* 尙書 *Lou Tch'ouan-lin* 鹿傳霖 [1]). — Le *tso che lang King Li* 景禮 (Mandchou de la bannière blanche bordée). — Le *tso che lang Tch'en Pang-jouei* 陳邦瑞 (orig. du *Tchö-kiang*). — Le *yeou che lang Tseng Tch'ong* 增崇 [2]) (*Han kiun* de la bannière jaune). — Le *yeou che lang Tai Hong-tseu* 戴鴻慈 [3]) (orig. du *Kouang-tong*).

8° Ministère des rites 禮部.

Le Directeur (manque) [4]). — Le *chang chou P'ou Leang* 溥良 (Mandchou de la bannière bleue). — Le *chang chou Siu Fou* 徐郙 (*Kiang-sou*). — Le *tso che lang Sa Lien* 薩廉 (Mandchou de la bannière bleue bordée). — Le *tso che lang Li Fou-tsao* 李紱藻 (*Hou-pei*). — Le *yeou che lang Mien Wen* 綿文 (Mandchou de la bannière blanche bordée). — Le *yeou che lang Tchou Tsou-meou* 朱祖謀 (*Tchö-kiang*).

9° Ministère de la guerre 兵部.

Le Directeur (manque). — Le *chang chou Tch'ang Keng* 長庚 [5]). — Le *chang chou Siu Houei-li* 徐會澧 (*Chan-tong*). — Le *tso che lang T'ie Leang* 鐵良 [6]) (Mandchou de la bannière blanche bordée). — Le *tso che lang Ts'in Cheou-tchang* 秦綬章 (*Kiang-sou*). — Le *yeou*

---

1) A permuté avec *Tchang Po-hi* (voyez ministère des emplois civils). L. R.

2) Remplacé par *T'ie Leang* (cf. p. 148, n. 22). L. R.

3) *Tai Hong-tseu* fait partie de la mission extraordinaire qui parcourt actuellement le monde (cf. *T'oung pao*, 1905, p. 516); il a été promu au rang de *chang chou* du ministère des rites. Il a traversé récemment la France avec *Touan Fang* et a séjourné à Paris du 28 Février au 6 Mars 1906.

4) Le Directeur est *Yu Tö* 裕德. L. R.

5) Remplacé p. i. par *T'ie Leang* (cf. p. 148, ligne 22). L. R.

6) Remplacé par *King Heou* 景厚 (Mandchou, ban. bleue bordée). L. R.

che lang Ngen Chouen 恩順. — Le *yeou che lang Lou Pao-tchong* 陸寶忠 (*Kiang-sou*).

10° Ministère de la justice 刑部:

Le Directeur (manque). — Le *chang chou K'ouei Kiun* 奎俊[1]) (Mandchou de la bannière blanche). — Le *chang chou Ko Pao-houa* 葛寶華 (*Tchö-kiang*). — Le *tso che lang Tch'ong Hiun* 崇勳 (Mandchou de la bannière jaune bordée). — Le *tso che lang Chen Kia-pen* 沈家本 (*Tchö-kiang*). — Le *yeou che lang Fou K'i* 孚琦 (Mandchou de la bannière bleue). — Le *yeou che lang Hou Yi-fen* 胡燏棻 (*Ngan-houei*).

11° Ministère des Travaux publics 工部:

Le Directeur (manque). — Le *chang chou Song Kouei* 松桂 (Mandchou de la bannière bleue bordée). — Le *chang chou Lu Hai-houan* 呂海寰 (*Chouen t'ien*). — Le *tso che lang Tch'ong Cheou* 崇壽 (Mandchou de la bannière blanche bordée). — Le *tso che lang T'ang King-tch'ong* 唐景崇 (*Kouang-si*). — Le *yeou che lang P'ou-hing* 溥與[2]) (Mandchou de la bannière bleue bordée). — Le *yeou che lang Li Tchao-wei* 李昭煒 (*Ngan-houei*).

12° Ministère du Commerce 商部:

Le Directeur (manque). — Le *chang chou, Kou-chan pei-tse* ayant le titre de général qui affermit le royaume 固山貝子衞鎭國將軍, le prince *Tsai-tchen* 載振[3]). — Le *tso che lang Tch'en Pi* 陳璧 (*Fou-kien*). — Le *yeou che lang Kou Tchao-sin* 顧肇新 (*Kiang-sou*).

13° Le Li fan yuan 理藩院:

Le Directeur *Yu Tö* 裕德[4]) (Mandchou de la bannière blanche). —

____

1) Remplacé par *P'ou Hing* 溥與 (Mandchou, ban. bleue bordée). L. R.

2) Remplacé par *P'ou Jouen* 溥鋗 (Mandchou, ban. bleue bordée). L. R.

3) *Tsai-tchen* est venu en Europe pour apporter les félicitations du gouvernement chinois à Edouard VII lors de son avénement.

4) Remplacé par le prince de premier rang *Sou*, dont le nom personnel est *Chan-k'i* 和碩肅親王善耆. L. R.

Le *chang chou P'ou-hing* 溥興 [1]) (Mandchou de la bannière bleue). — Le *tso che lang Cheou K'i* 壽耆 [2]) (Mandchou de la bannière bleue). — Le *yeou che lang K'ouen Sieou* 岫堃 (Mandchou de la bannière blanche). — Le *che lang* hors cadre *K'ai Houa* 凱華 (Mongol Kartchin).

14° Le Tou tch'a yuan 都察院 :

Le *tso tou yu che* 左都御史 *P'ou T'ing* 溥頲 [3]) (Mandchou de la bannière rouge bordée). — Le *tso tou yu che Lou Jouen-siang* 陸潤庠 (*Kiang Sou*). — Le *tso fou tou yu che* 左副都御史 *Yi Yeou* 奕枕 (*Han kiun* de la bannière rouge). — Le *tso fou tou yu che Ming K'i* 明啓 [4]) (Mandchou de la bannière jaune). — Le *tso fou tou yu che Tchang Jen-fou* 張仁黼 (*Ho-nan*). — Le *tso fou tou yu che Tch'eng Tchang* 成章 (*Han kiun* de la bannière jaune).

15° Le Han lin yuan 翰林院 :

Les deux hauts fonctionnaires qui sont à la tête du *Han lin yuan* portent le titre de *Han lin yuan tchang yuan hio che* 翰林院掌院學士 ; ce sont les deux membres du *nei ko* appelés *Yu Tö* 裕德 [5]) et *Souen Kia-nai* 孫家鼐.

16° Le Ta li sseu 大理寺 :

Directeur (manque). — Dignitaires de premier rang 卿 : *Yue Leang* 岳樑 (Mongol de la bannière blanche bordée); — *Wang Fou-siang* 王福祥 (*Han kiun* de la bannière jaune). — Dignitaires de second rang 少卿 : *Siang K'i* 祥祺 (Mandchou de la bannière jaune); — *Li Tcho-ying* 李櫂英 (*Ho-nan*).

17° Le T'ai tch'ang sseu 太常寺 :

Directeur 管理事務 : *P'ou-leang* 溥艮 (Mandchou de la

---

1) Remplacé par *T'o-t'ou-chen* (cf. p. 147, ligne 21). L. R.

2) Remplacé par *Ming-k'i* 明啟 (Mandchou, ban. jaune). L. R.

3) Remplacé par *Cheou K'i* (cf. p. 150, ligne 2). L. R.

4) Remplacé par *T'ai Pou* (cf. p. 151, ligne 14). L. R.

5) Remplacé par *Jong K'ing* (cf. p. 148, ligne 5). L. R.

bannière bleue). — Dignitaires de premier rang: *Ting Tch'eng* 定成 (Mandchou de la bannière jaune); — *Tch'en Tchao-wen* 陳兆文 (*Hou-nan*). — Dignitaires de second rang: *K'i Tö* 麒德 (Mandchou de la bannière blanche bordée); — *Tso Hiao-t'ong* 左孝同 (*Hou-nan*).

18° **Le Kouang lou sseu** 光祿寺:

Directeur (manque) [1]. — Dignitaires de premier rang: *Yu Lang* 毓朗 [2] (Mandchou de la bannière bleue); — *Tchang Heng-kia* 張亨嘉 (*Fou-kien*). — Dignitaires de second rang: *Tö Pen* 德本 (Mandchou de la bannière bleue); — *Tch'en Tchong-sin* 陳鍾信 (*Sseu-tch'ouan*).

19° **Le T'ai p'ou sseu** 太僕寺:

Directeur (manque). — Dignitaires de premier rang: *T'ai Pou* 台布 [3] (Mandchou de la bannière jaune); — *Tchang Tchen-hiun* 張振勳 (*Kouang-tong*). — Dignitaires de second rang: *Long Ngen* 隆恩 (Mandchou de la bannière blanche); — *Fan Kouang-heng* 范廣衡 (*Chouen-t'ien*).

20° **Le Hong lou sseu** 鴻臚寺:

Directeur: *P'ou-leang* 溥艮 (Mandchou de la bannière bleue). — Dignitaires de premier rang: *Ying Mien* 英綿 (Mandchou de la bannière jaune); — *Wang Kouo-tcheng* 王國楨 (*Tchö-kiang*). — Dignitaires de second rang: *Na Tsin* 那晉 (Mandchou de la bannière jaune); — *Houang Kiun-long* 黃均隆 (*Hou-nan*).

II. ADMINISTRATION PROVINCIALE.

1° **Vice-rois** 總督:

Vice-roi du Tche-li 直隸, administrant le Tche-li 直隸: *Yuan Che-k'ai* 袁世凱, résidant à T'ien-tsin 天津.

---

1) C'est maintenant le *tong ko ta hio che Yu Tö* (cf. p. 147, ligne 1). L. R.

2) Remplacé par *Yi K'o-t'an* 伊克坦 (Mandchou, ban. blanche). L. R.

3) Remplacé par *Mo K'i* 墨麒 (Mandchou, ban. blanche). L. R.

Vice-roi du Leang-kiang 兩江, administrant le Kiang-sou 江蘇, le Ngan-houei 安徽, le Kiang-si 江西 et le Kiang-houai 江淮 [1]: *Tcheou Fou* 周馥 (intérimaire), résidant à Kiang-ning 江寧.

Vice-roi du Min-tchö 閩浙, administrant le Tchö-kiang 浙江 et le Fou-kien 福建: *Wei Kouang-t'ao* 魏光燾 [2]), résidant à Fou-tcheou 福州.

Vice-roi du Leang-kouang 兩廣, administrant le Kouang-tong 廣東 et le Kouang-si 廣西: *Ts'en Tch'ouen-hiuan* 岑春煊 [3]), résidant à Canton 廣州.

Vice-roi du Hou-kouang 湖廣, administrant le Hou-pei 湖北 et le Hou-nan 湖南: *Tchang Tche-tong* 張之洞, résidant à Wou-tch'ang 武昌.

Vice-roi du Chàn-Kan 陝甘, administrant le Chàn-si 陝西, le Kan-sou 甘肅 et le Sin-kiang 新疆: *Song Fan* 崧蕃 [4]), résidant à Lan-tcheou 蘭州.

Vice-roi du Sseu-tch'ouan 四川, administrant le Sseu-tch'ouan 四川: *Si Leang* 錫良 (Mongol, bannière bleue bordée), résidant à Tch'eng-tou 成都.

Vice-roi du Yun-Kouei 雲貴, administrant le Yun-nan 雲南 et le Kouei-tcheou 貴州: *Ting Tch'en-to* 丁振鐸, résidant à Yun-nan fou 雲南.

2° Gouverneurs 巡撫:

Gouverneur du Chan-tong 山東: *Yang Che-siang* 楊士驤 (intérimaire) [5]), résidant à Tsi-nan fou 濟南.

---

1) La province de *Kiang-houai*, créée le 28 Janvier 1905, a été supprimée le 21 Avril de la même année (cf. Richard, *Géographie de l'Empire de Chine*, p. 8).

2) Remplacé par *Song Fan* (Mandchou, ban. bleue bordée; cf p. 152, ligne 15). L. R. — *Song Fan* lui-même a été remplacé récemment par *Touan Fang* (cf. p. 153, ligne 18).

3) *Ts'en Tch'ouen-hiuan* est le fils de *Ts'en Yu-ying* 岑毓英, qui fut vice-roi du *Yun-nan*. Cf. *North-China Herald*, 16 Février 1906, p. 330.

4) Remplacé par *Cheng Yun* 升允 (Mongol, ban. jaune bordée). L. R.

5) Le titulaire est *Tcheou Fou*, vice-roi p. i. du *Leang-kiang* (cf. p. 152, ligne 3).

Gouverneur du Chan-si 山西: *Tchang Ts'eng-yang* 張曾敭[1]), résidant à T'ai-yuan fou 太原.

Gouverneur du Ho-nan 河南: *Tch'en K'ouei-long* 陳夔龍, résidant à K'ai-fong fou 開封.

Gouverneur du Kiang-sou 江蘇: *Lou Yuan-ting* 陸元鼎, résidant à Sou-tcheou 蘇州.

Gouverneur du Ngan-houei 安徽: *Tch'eng Hiun* 誠勳, résidant à Ngan-k'ing 安慶.

Gouverneur du Kiang-si 江西: *Hou T'ing-kan* 胡廷幹, résidant à Nan-tch'ang 南昌.

Gouverneur du Kiang-Houai 江淮 [2]): *Ngen Cheou* 恩壽.

Gouverneur du Tchö-kiang 浙江: *Nie Ts'i-kouei* 聶緝槻[3]), résidant à Hang-tcheou 杭州.

Gouverneur du Kouang-tong 廣東: *Tchang Jen-tsiun* 張人駿, résidant à Canton 廣州.

Gouverneur du Kouang-si 廣西: *Li King-hi* 李經羲[4]), résidant à Kouei-lin 桂林.

Gouverneur du Hou-nan 湖南: *Touan Fang* 端方[5]), résidant à Tch'ang-cha 長沙.

Gouverneur du Chàn-si 陝西: *Hia Che* 夏峕[6]), résidant à Si-ngan 西安.

Gouverneur du Sin-kiang 新疆: *P'an Hiao-Sou* 潘效蘇[7]), résidant à Ti-houa 迪化 (Urumtsi).

---

1) Remplacé par *Tchang Jen-tsiun* (cf. p. 153, ligne 14). L. R.

2) Emploi supprimé (cf. p. 152, n. 1).

3) Remplacé par *Tchang Ts'eng-yang* (cf. p. 153, ligne 1). L. R.

4) Remplacé par *Lin Chao-nien* (cf. p. 154, ligne 1). L. R.

5) *Touan Fang* a maintenant le titre de vice-roi du *Min-tchö* (cf. p. 152, n. 2). Il fait partie de la mission extraordinaire qui parcourt le monde à la recherche de la meilleures des constitutions; il a séjourné à Paris avec *Tai Hong-tseu* du 28 Février au 6 Mars 1906.

6) Remplacé par *Ts'ao Hong-hiun* 曹鴻勳 (orig. du *Chan-tong*). L. R.

7) Remplacé par *Lien K'ouei* 聯魁 (Mandchou de la bannière rouge bordée). L. R.

Gouverneur du Kouei-tcheou 貴州: *Lin Chao-nien* 林紹年[1]), résidant à Kouei-yang 貴陽.

3° **Maréchaux Tartares** 將軍:

Kiang-sou et Kiang-si: *Yong Long* 永隆, résidant à *Kiang-ning* 江寧 (Nankin).

Hou-pei: *Ts'ing Jouei* 清銳, résidant à *King-tcheou* 荆州.

Fou-kien: *Tch'ong Chan* 崇善, résidant à *Fou-tcheou* 福州.

Tchö-kiang: *Jouei Hing* 瑞興, résidant à *Hang-tcheou* 杭州.

Chan-si: *Yi Kou* 貽穀, résidant à *Souei-yuan tch'eng* 綏遠城.

Chàn-si: *Tch'ang-tch'ouen* 長春, résidant à *Tch'ang-ngan* 長安 (Si-ngan fou).

Kan-sou: *Sö-p'ou-tcheng-ngo* 色普徵額, résidant à *Ning-hia* 寧夏.

Sseu-tch'ouan: *Tcho-ha-pou* 綽哈布, résidant à *Tch'eng-tou* 成都.

4° **Trésoriers et Juges provinciaux** 藩司臬司[2]).

Tche-li: Juge, *Pao Fen* 寶棻.

Kiang-sou: Trésorier, *Hiao Ts'eng* 效曾; — Juge, *Ngen Ming* 恩銘.

Kiang-si: Trésorier, *Tcheou Hao* 周浩; — Juge, *Tch'en K'ing-tseu* 陳慶滋.

Ngan-houei: Trésorier, *Lien K'ouei* 聯魁; — Juge, *P'ou Tseu-t'ong* 濮子潼.

Kiang-houai[3]): Trésorier, *Houang Kien-kouan* 黄建筦; — Juge, *Siu Chou-kiun* 徐樹鈞.

Hou-nan: Trésorier, *Lieou Tch'ouen-lin* 劉春霖; — Juge, *P'ang Hong-chou* 龐鴻書.

Hou-pei: Trésorier, *Li Min-tch'en* 李岷琛; — Juge, *Ts'en Tch'ouen-ming* 岑春蓂.

---

1) Remplacé par *Ko Fong-che* 柯逢時. L. R.

2) Les modifications dans le personnel des juges et trésoriers provinciaux étant extrêmement nombreuses d'après le Livre Rouge pour l'hiver 1905, nous renonçons à les indiquer en notes.

3) Emplois supprimés (cf. p. 152, n. 1).

Fou-kieu: Trésorier, *Tcheou Lien* 周蓮; — Juge, *Tchou K'i-hiuan* 朱其煊.

Tchö-kiang: Trésorier, *Wong Ts'eng-kouei* 翁曾桂; — Juge, *Li Hi-kie* 李希杰.

Ho-nan: Trésorier, *Jouei Leang* 瑞艮; — Juge, *Tchong P'ei* 鍾培.

Chan-tong: Trésorier, *Chang K'i-heng* 尙其亨; — Juge, *Yu Tchao-k'ang* 余肇康.

Chan-si: Trésorier, *Tchang Chao-houa* 張紹華; — Juge, *Fony Chen-t'ai* 豐紳泰.

Chàn-si: Trésorier, *Fan Tseng-siang* 樊增祥; — Juge, *Hou King-kouei* 胡景桂.

Kan-sou: Trésorier, *Ho Fou-k'ouen* 何福堃; — Juge, *Houang Yun* 黃雲.

Sin-kiang: Trésorier, *Wou Yin-souen* 吳引孫; — Juge, *Li Tseu-sen* 李滋森.

Sseu-tch'ouan: Trésorier, *Hiu Han-tou* 許涵度; — Juge, *Fong Hiu* 馮煦.

Kouang-tong: Trésorier, *Hou Siang-lin* 胡湘林; — Juge, *Tch'eng Yi-lo* 程儀洛.

Kouang-si: Trésorier, *Tchang T'ing-leao* 張廷燎; — Juge, *Lieou Sin-yuan* 劉心源.

Yun-nan: Trésorier, *Wou T'ing-pin* 吳廷斌; — Juge, *Yuan K'ai-ti* 袁開第.

Kouei-tcheou: Trésorier, *Ts'ao Hong-hiun* 曹鴻勛; — Juge, *Ts'iuan Meou-tsi* 全懋績.

5° **Hauts fonctionnaires dans les dépendances de l'Empire:**

    A. Mandchourie:

Prov. de Cheng-king 盛京: *Tseng K'i* 增祺 [1]), maréchal de *Fong-t'ien* 奉天將軍, résidant à Moukden.

____

1) Remplacé par *Tchao Eul-souen* 趙爾巽 (*Han-kiun* de la ban. bleue). L. R.

Prov. de Kirin 吉 林 : *Fou Chouen* 富 順 , maréchal de *Tch'ang-tch'ouen* 長 春 將 軍 , résidant à Ningouta.

Prov. de Hei-long-kiang 黑 龍 江 : *Ta Kouei* 達 桂 (intérimaire), maréchal de Tsitsikar 齊 齊 哈 爾 將 軍 ·

B. Mongolie:

Ili 伊 犂 : *Ma Leang* 馬 亮 [1]), maréchal de Ning-yuan tch'eng 寧 遠 城 將 軍 , résidant à Kouldja.

Kobdo 科 布 多 : *Cheou Hiun* 壽 勳 [2]), résident impérial 參 贊 大 臣 ·

Kukunor 青 海 : *Tchouen Leang* 準 良 [3]), contrôleur général 辦 事 大 臣 , résidant à *Si-ning.*

Uliassut'ai 烏 里 雅 蘇 臺 : *K'ouei Chouen* 奎 順 [4]), ayant le titre de 參 贊 大 臣 ·

Urga 庫 倫 : *P'ou Cheou* 樸 壽 [5]), ayant le titre de 辦 事 大 臣 ·

C. Tibet:

Yeou T'ai 有 泰 , ayant le titre de résident 辦 事 大 臣 ·

Yen Tch'e 延 祉 [6]), ayant le titre de vice-résident 幫 辦 大 臣 ·

III. MINISTRES CHINOIS A L'ETRANGER:

Ministre en Angleterre: *Tchang Tö-yi* 張 德 彝 [7]), Han-kiun de la bannière jaune.

Ministre aux Etats-Unis d'Amérique: *Leang Tch'eng* 梁 誠 , orig. du Kouang-tong.

Ministre en Russie: *Hou Wei-tö* 胡 惟 德 , orig. du Tchö-kiang.

---

1) Remplacé par *Tch'ang Keng* 長 庚 (p. 148, l. 20). L. R.

2) Remplacé par *Lien K'ouei* 連 魁 . L. R.

3) Remplacé par *K'ing Chou* 慶 恕 . L. R.

4) Remplacé par *K'ouei Houei* 奎 煥 . L. R.

5) Remplacé par *Yen T'ch'e* (cf. p. 156, ligne 17). L. R.

6) Remplacé par *Lien Yu* 聯 豫 . L. R.

7) Remplacé par *Wang Ta-sie* 汪 大 燮 . L. R.

Ministre au Japon: *Yang Tch'ou* 楊樞, Han-kiun de la bannière rouge.

Ministre en Allemagne: *Yin Tch'ang* 廕昌 [1]), Mandchou de la bannière jaune bordée.

Ministre en France: *Souen Pao-k'i* 孫寶琦 [2]), orig. du Tchö-kiang.

Ministre en Corée [3]): *Ts'eng Kouang-ts'iuan* 曾廣銓, orig. de Hou-nan.

Ministre en Autriche: *Yang Tch'eng* 楊晟 [4]), Hau-kiun de la bannière rouge.

Ministre en Italie: *Hiu Kio* 許珏 [5]), orig. du Kiang-sou.

Ministre en Belgique: *Yang Tchao-kiun* 楊兆鋆 [6]), orig. du Tchö-kiang.　　　　　　　　　　　Ed. CHAVANNES.

KARUTZ: *Von Buddhas heiliger Fussspur* (*Globus*, 11 et 18 Janvier 1906, pp. 21—25 et 45—49).

Après avoir rappelé les principaux témoignages des voyageurs qui, depuis le pélerin Chinois Fa-hien, ont décrit les empreintes de pied du Buddha, M. Karutz reproduit et étudie une de ces empreintes telle qu'elle est figurée sur une planche d'ébène conservée au Musée d'Ethnographie de Lübeck; cette planche, qui mesure 175 cm. de longueur sur 6 pieds de largeur au centre, provient de Bangkok; elle présente les dessins des 108 emblèmes ou lakṣanas

---

1) Remplacé par *Yang Tch'eng* (cf. p. 157, ligne 8). L. R. Mais, à la fin de Mars 1906, le changement effectif n'avait pas encore eu lieu.

2) Remplacé depuis le mois d'Octobre 1905 par *Licou Che-hiun* 劉式訓 (orig. du *Kiang-sou*).

3) Poste supprimé.

4) Remplacé par *Li King-mai* 李經邁, fils de *Li Hong-tchang*; mais, à la fin de Mars 1906, le changement n'avait pas encore eu lieu.

5) Actuellement remplacé par *Houang Kao* 黃誥.

6) Remplacé par *Li Cheng-tö* 李盛鐸; mais, à la fin du Mars 1906, le change-ment n'avait pas encore eu lieu.

dont M. Karutz donne une interprétation détaillée. L'empreinte que nous avons ici est rigoureusement semblable à celle qui a été publiée par Alabaster (*The Wheel of the Law*) mais diffère de celles qui ont été figurées par Symes (*Embassy to the kingdom of Ava*, p. 248) et par Low (*On Buddha and the Phrabat*, Transact. Roy. As. Soc., III, 65).

Bien que l'article de M. Karutz soit fait avec soin, on peut y signaler quelques légères omissions: l'auteur aurait dû mentionner la belle planche publiée par M. Fournereau et représentant un Buddhapāda conservé dans le Vât Vanq nà à Bangkok (*Le Siam ancien*, 1re partie, *Annales du Musée Guimet*, tome XXVII, p. 102, pl. 21); il aurait dû rappeler que le religieux hindou Vajrabodhi fit à Ceylan, entre 689 et 720 p. C., l'ascension du Laṅkāparvata au sommet duquel il contempla l'empreinte du pied du Buddha (cf. Sylvain Lévi, *Missions de Wang Hiuen-ts'e dans l'Inde*, Journ. Asiatique, Mai-Juin 1900, p. 420); enfin le beau livre que M. Sylvain Lévi a consacré au «Népal» (vol. II, 1905, p. 17—18) aurait pu lui fournir quelques indications intéressantes sur les pieds de Buddha que les Népalais représentent à profusion.

Ed. CHAVANNES.

IMPRIMERIE CI-DEVANT E. J. BRILL, LEIDE.